La belleza es verdad y la verdad belleza.
Es todo lo que necesitas saber en la tierra.

John Keats

Senté
a la belleza
para injuriarla,
pero ebria y sorda se ha dormido
en mis rodillas.

Tomás Salvador González

© Pilar Martín Gila, 2024

Dirección editorial:	Héctor Escobar
Director de la colección:	Gustavo Martín Garzo
Fotografía de cubierta:	José Ramón Vega
Diseño de la colección:	Miguel Riera
Maquetación:	Alberto R. Torices

ISBN: 978-84-10057-76-0
Dep. Legal: Le. 469-2024
Impreso en España — Printed in Spain

Pilar Martín Gila

La belleza de
llevar un niño en los brazos

De la belleza (22)

Pilar Martín Gila

La belleza de
llevar un niño en los brazos

EOLAS EDICIONES

ÍNDICE

Hace algún tiempo se editaron tres poemarios míos, que conformaron una trilogía. Los tres libros partían, cada uno, de tres obras, pertenecientes a distintos géneros y momentos de la historia, especialmente significativas y queridas para mí, que forman parte de ese bagaje, eso compartido, que podemos llamar cultura.

El primer poemario se basó en la película de Carl Theodor Dreyer, *Ordet*, traducida como *La palabra*. La dulce vida cotidiana, la locura y la ingenuidad de la infancia, frente a la muerte, y el milagro, la palabra como el espacio de todo eso, el lugar donde todo se cumple y no existe demora entre el pensamiento y su consecuencia. El segundo partía del poema *Der Erlkönig* de Johann Wolfgang von Goethe, *El rey de los alisos* o *El rey de los elfos*. La infancia asediada por el deseo, las puertas de la inocencia, el último viaje abrazado al padre, que atraviesa un bosque y huye de los fantasmas a la vez que sale a su encuentro, para llegar a casa con el niño muerto, como niño, entre los brazos. El tercer libro estaba basado en La cerillera de Christian Andersen, la hipótesis de que no hubiera muerto de frío en aquel callejón donde se refugió para pasar la última noche del año calentándose con las cerillas que no había conseguido vender. Quién habría llegado a ser de adulta aquella pequeña cerillera que sobrevive a la injusticia y la crueldad. Traspasada la edad de la inocencia, qué sentimiento llegaría a anidar en su corazón, qué reparación habría buscado para el desafuero.

Ahora, bajo la sugerencia de Gustavo Martín Garzo, vuelven a encontrarse los tres relatos para esta colección De la belleza, y brotan nuevas relaciones, más profundas, más intensas, inesperadas ya para mí. Tal vez sea una impresión mía, pero al revisar y escribir nuevamente sobre estas historias, he sentido inclinar aún más su peso hacia la infancia, hacia el paso de las criaturas que aquí aparecen, lo oscuro y lo luminoso de unas voces que se están haciendo, creciendo, conformando, y, por eso, de ellas nos cabe esperar la verdad alumbrada por un fósforo, y, alrededor, levantándose quizá las sombras, quizá la vida vacante, quizá un punto virgen.

Con mirada iluminadora, Ildefonso Rodríguez dice lo siguiente sobre un borrador de este trabajo, que le pedía leyera: «En realidad, el libro podría leerse como un largo escolio a los tres libros de la trilogía, desarrollando el pensamiento poético que los originó; una especie de fenomenología de los tres textos».

Una historia más

Hay, me ha parecido descubrir, otra historia, una de la infancia, que puede ser la que ha dado lugar a la pasión por estos tres relatos. La contaré brevemente antes de que todo empiece.

Viví en una fonda hasta los 10 años. Mis padres la regentaban. Siempre estaba llena de huéspedes, siempre eran hombres, la mayoría jóvenes estudiantes, que salían de sus tierras para formarse en la universidad o preparar oposiciones, estaban hospedados todo el curso, algunos jugaban con nosotros; a veces venían a ver un partido de futbol en la televisión, con mi hermano y mi padre. Otros huéspedes, sin embargo, pasaban una o dos noches solamente, apenas llegábamos a saber nada de ellos, recuerdo un policía, un boxeador, un cantante…

Durante un año, mi padre tuvo que ir a trabajar fuera de la ciudad. Mi madre se ocupaba de la fonda, de mi hermano y de mí. En algunas ocasiones, tenía que salir para hacer trámites o comprar en el mercado. Un día descubrí que, a veces, me dejaba sola en aquella casa de largos pasillos. No recuerdo cómo me percaté, pero de pronto, un día me encontré contra la puerta de la calle, mirando aterrada las puertas de las habitaciones, preparada para escapar corriendo si alguna se abría. El miedo estaba dentro. Por la puerta de la calle podría regresar mi madre o podría huir yo, pero hacia el interior, se extendían las puertas de madera cerradas como árboles, que no debían abrirse, al menos, mientras yo estuviera allí. Probablemente, nunca llegaré a experimentar nada tan atemorizador como aquel bosque de puertas opacas que, al igual que en la balada de Goethe, se abrirían en algún momento y me dejarían sentir la corriente por donde se abandona la infancia. Y yo creía que era miedo, pero era deseo.

Es este el puro «érase una vez que se era» escondido en todos los cuentos, todas las historias que nos llevan a recubrir con un sentido el mundo, cuyas sombras, desde el primer momento, han estado vacías, cerradas como las puertas.

Qué es, entonces, esta oscuridad.

Confío en que no encienda esa cerilla
a la vez confío en que la encienda
y su chasquido traspase las paredes.

Sin embargo, puede ocurrir que también las sombras sean literales y no guarden nada en su interior.

ORDET Y ABRAHAM

La película del danés Carl Theodor Dreyer, *Ordet*, comienza con una visión del exterior de la granja donde viven los protagonistas. En una de las paredes se puede ver el nombre Borgensgaard, que la cámara va recorriendo letra por letra. En la oscuridad de la noche, estas letras quedan parcialmente en penumbra, se leen y se adivinan a partes iguales. Es la relación de la palabra con la sombra.

Hay un paño tendido, que mueve el viento. El viento lo borra todo, queda todo abandonado. El pasto dibujante de las dunas traza formas con sus largas hojas movidas por el viento, y el viento pasa otra vez para borrarlas.

El elegido, el loco Johanes acerca una luz a la ventana para dar señal a quien esté perdido, dice, para alumbrar al que no sabe el camino, dice, para ver lo oscuro.

Alguien decía una vez que un hombre que en la noche, desde la playa, agitara un farol, subiéndolo y bajándolo, con el brazo extendido, podría ser un loco. Pero si, en la oscuridad del mar, hay una barca, puede ser un salvador. El mundo es una franja, frontera entre la voluntad y el absurdo.

Un pozo es también una barca. El agua dentro. El agua debajo. Una barca de un lado al otro. Trae la luna bajo la lengua. Y pasa. El último se sienta en el brocal.

Nos cuenta Søren Kierkegaard que en el triste viaje de los tres días hacia tierra de Moriah que Abraham emprendió sobre un asno con su hijo Isaac, temía a cada paso la agitación de su pensamiento. El pensamiento quiere ver en la oscuridad, la fe quiere ver la oscuridad. Y él llevaba en su mano el fuego y el cuchillo porque su creador le había ordenado matar a su hijo. Sin hablar con nadie, sin dar explicaciones, sin suplicar. Iba por el mandato divino. Abraham, elegido por la voz del ángel para dar en holocausto a su hijo Isaac, su hijo degollado por su mano. Pero este hombre no suplica. Porque un loco es el amor o el único que lo escucha, no suplica porque es el único que escucha el amor.

La acción tiene lugar en 1925 en Dinamarca. El viejo Morten Borgen vive en una granja con sus tres hijos, su nuera y sus nietas: Mikkel, el mayor, casado con Inger, con quien tiene dos niñas; Johannes, el hijo que ha perdido la razón y habla como si fuera el hijo de Dios; y el más joven, Anders.

Ni Sara, que les ve partir, ni Isaac, que va él mismo en esa partida saben el porqué del viaje. Era muy de mañana. Por el camino, Abraham daba curso a sus temores. Quería matar a Isaac. De lo contrario, habría suplicado, se habría ofrecido él mismo en holocausto antes que ceder al unigénito amadísimo, esperado contra toda razón, ya en su vejez. Así despuntó la mañana.

Entonces, si quería la muerte de su hijo, esa era su violencia; su razón estaba en la locura. Y todo se inclinaba a lo frágil, a lo débil en él. El silencio, hablando sólo consigo mismo, consigo mismo. No hay, entonces, interrupción entre el deseo y el hecho, esa demora o esa falla que podría abrir la palabra. En el elegido, no hay espera entre el pensamiento y su consecuencia. Eso era todo, la palabra divina.

—¿Por qué haces eso?

—Yo soy la luz del mundo. Las tinieblas no lo conciben.

—¿Por qué pones esa vela en la ventana?

—Para que la llama alumbre lo oscuro.

Johanes, el loco, el elegido, no habla con nadie. Ahí está la violencia, en el abandono, dejarse, entregarse sin diálogo, en sacrificio. Con la mirada perdida, más allá de los que le rodean. Perdida entre las dunas. El viento cargado de arena. Las ropas sueltas, señal inequívoca del cuerpo acostumbrado a estar cerca del sueño, aún inclinado, del corazón que ha dejado de escuchar.

¿Quién acecha tras la ventana? Buscan el rastro del que salió delante de su nombre para no ser de un único hogar. Y regresa callado como si fuera un olvido. Probablemente ha pasado la mitad de la noche.

O casi toda la noche

recaudando la arena. Borradas las huellas, todo lo que se ha olvidado y lo que vuelve, lo que avistó la mañana

y todo lo que también era sueño.

Hay raíces a la orilla del mar y paños tendidos sobre las espigas.

La retención del tiempo entre una y otra pared y la pared del fondo. Pero la cuarta. Ahí está el hueco. El muro derrumbado por donde entra la mirada a escena. Y a la escena, la vida. *Ordet* contiene la claridad de la cotidiana labor, las tareas de cada día, la luz de cada hora. En 48 horas. Y la veladura de la razón por el misterio, que escapa a todo tiempo.

Por qué haces eso.
Porque soy la locura de un padre que no reclamó
su razón.

Los pantanos y el viento
las dunas, la arena
que almacena el viento
y retiene las espigas
y la noche
y el miedo a la noche
y la soledad
donde pedir tres deseos
que son tres hijos y la soledad,
la arena, el viento
y los tres deseos.

Abraham pasa a través de una abertura por la que sólo cabe uno. Por eso no suplica en favor de su hijo, porque no va con él, en su compañía. Ingresa en lo absurdo, dice Kierkegaard. Y tiene que sacar el cuchillo contra él para merecerlo en la vejez de los cien años. Sólo así se puede ir a matar y a la vez no ser un asesino. Eso no se puede comprender. Levantó el altar con la leña y alzó el puño. ¿Hay un lugar interno donde uno quiere acabar con su hijo? ¿O es la palabra de Dios? Demasiado dentro o demasiado arriba. No hay escapada para el absurdo violento. ¿Qué lleva más furor matar o encender una cerilla?

En Franz Kafka, en *La condena*, el padre ordena al hijo ahogarse, y el hijo se va al río. Es al padre a quien pertenece la violencia, su instancia señalada como familiar, no a los hombres, no a la comunidad. La institución elige que pagues con furia su reconocimiento, su acogida, es la que te pide ahogarte.

No todo lo real se da fuera ni tampoco todo se da en el interior. No todo lo real se da ante los ojos. La luz queda tras la noche. La sombra choca con la llama. Es de madrugada. Unos a otros se van diciendo «Johanes no está en su cama». Así salen de la casa todos los hombres en busca del que se ha marchado. El hermano pequeño, el anciano padre, el hijo mayor. Suben por las dunas contra el viento, pesados como si intentasen levantar el vuelo de toneladas, como si estuvieran hundidos en el mundo. La mujer aguanta la casa, la piedra trituradora del ir cotidiano. Y los observa desde la ventana.

Uno es el mismo siempre,
otro es joven todavía
y el segundo
se fue tras la letra
de los santos
que desafían a los molinos.
La voz contra la piedra,
la gente no llora ni responde
los antepasados no lloran
ni responden, y el cielo
mece la cabeza de los trigos
y tiene nubes
como piedras blancas.

Abraham no suplica porque no quiere reparación, ni siquiera consuelo, sólo desea cumplir el imperativo con el que ha sido tocado, señalado casi en deíxis, con una sola palabra. Y el anciano de *Ordet* dice que no hay milagro posible si un padre no sabe pedir por su hijo. Uno recibe la palabra y la guarda celosamente, sólo con ella te partirá el corazón. El otro trata de apalabrarse entre cuatro paredes. La duda también es palabra, pero en extensión, en rizoma, alcanzando a todo por igual.

Johannes sube a la duna y habla. Habla donde nadie está, pero no habla consigo mismo sino a los demás donde no están. Es la palabra en su absurdo absoluto, el no ser pronunciada para nadie. La palabra se dice pero no se recibe como tal sino que está suspendida en el mundo. Todo es la palabra.

Pero Abraham calla. Y el silencio es arrojado como acción. Levanta el cuchillo, sí, porque no puede hablar. Todo el que no habla, se levanta en violencia y prende lo que tiene. Aniquila la huella. Y ya no volverá el paso anterior.

Hay una iluminación en la casa Borgensgaard que, en cierto modo, puede hacer pensar o hacer sentir el vínculo de amor entre ellos. Son 48 horas en la vida diaria, de continuidad de la vida en sus tareas, lo cotidiano como asiduo, expectativa del día siguiente, de otro y otro más, de aún hay tiempo, todo sigue, no se ha roto el hilo de la existencia. El tiempo pasa y a la vez se retiene en la lentitud de los hombres. Entran y salen con el trajín de los quehaceres. Pero también con el dolor que hay entre ellos, el que se presiente cuando se ingresa en el amor al otro y, por tanto, al disolverse, o en cierto modo, entregarse uno mismo.

De niña, encontré un gato recién nacido en un barranco. Lo llevé conmigo. Le di leche. Maullaba, se movía torpemente por mi cama como buscando. Yo creía que quería jugar, y sonreía. Pero se estaba muriendo de hambre desesperadamente.

A primera hora de la tarde, mueren las hojas
más delicadas, los altos brotes de los juncos,
las crías que cayeron al cieno. Nada detiene el
paso de lo real.

Ese dulce tintineo
de las cucharillas,
el sorbo caliente,
la luz diaria
de cada hora,
la humedad
donde guardan los renacuajos
el equilibrio de un brinco
que mañana será necesario.

El silencio es una palabra ocupando todo, el silencio es lo real. A lo que no se puede responder
porque no transita el mismo tiempo. Así, tras esa
palabra sin posibilidad de diálogo, nunca volverá la
alegría. Porque la alegría es también una respuesta.

Así despuntó la mañana. Las aves atravesaban
los montes. Superada, un día más, la oscuridad del

bosque, el cauce del presentimiento, el árbol que vaciaron las termitas. La luz hablaba de lo finito, de la luz de la razón para el misterio.

Yo era feliz a la caída del sol. Lo era en simultaneidad con la salida de los murciélagos, que atravesaban la plaza chillando, rozando mi cabeza en su rápido vuelo. Fueron los primeros animales que vi volar, aparte de las moscas. Mi corazón y los gritos de los murciélagos empezaban a saltar a la misma hora, vinculados por la emoción de la falta de luz, su renovado aire, su secreta blancura, su inmensa belleza. Era el momento en que los vecinos se refugiaban, en sus casas, ante el eco del clamor que va con la noche. Las puertas se van cerrando, apagadas poco a poco las voces. Veía, entonces, desde el centro de la plaza, en una soledad feliz e incomprensible, las bocas abiertas, que se precipitaban vertiginosas desde sus frecuencias inaudibles, en un silencio desgañitado, hasta que pasaban soplando mi mejilla, y estallaba un agudo grito. Lanzaban un silencio de piedras.

Inger está dando a luz entre las sombras ya difuminadas del atardecer. Hay un suspiro y otro, de dolor o de plenitud. Pero la vida se tuerce y todos corren para que no entre en lo infinito. Han cesado los suspiros, el niño ha nacido muerto, la madre va tras él. No hay nada que hacer. Entonces, qué había de ella en ese vivir que vivía. El hilo se ha roto y ha llegado la pausa del nunca, del ya nunca más; el tiempo de la asiduidad se ha desprendido en el para siempre de la muerte. El médico y el pastor ante su balanza. Toman un café, una vida que se quiebra o que continúa lejos, sin orilla.

Llaman a la puerta, hoy que ha pasado la hora en la que ladran los perros. Se está levantando la arena. Los hombres llegaron tarde y se han ido demasiado pronto. Todo ha terminado, entonces

¿qué cree que ha sido más útil esta noche?
Uno guarda en su bolsillo
el intervalo exacto entre el dolor
y el dolor siguiente,

otro, el resumen
de la próxima eternidad.
Una hermosa noche.
Un duro trabajo
hacer una hermosa noche
sin quebrantar la fiabilidad del mundo.

La mujer ha muerto. ¿Dónde encontrarla? Johanes
recoge su alma con vistas al prodigio. La palabra
sin respuesta mira hacia la muerte. Quizá, un loco
sea el amor o el único que lo escucha. El movi-
miento necesario será la pasión.

Tendría 8 años. Me hacía una idea de los milagros
porque se contaban en la iglesia. Pero el milagro
tenía para mí algo de intercambio. Y el intercambio, algo tenía que ver con el dolor. Y el dolor se
daba en soledad, sin los otros. La soledad era la
condición del milagro. Por ella ocurría. Pero había
que ir a buscarla en la forma de un sacrificio o una
demostración. Un día de invierno, por la noche,
me levanté sigilosamente, abrí un hueco en el gran

cortinón que aislaba mi cama. Descalza pisaba las baldosas heladas del largo pasillo de la fonda. Una pequeña luz se mantenía encendida toda la noche. Había 16 habitaciones, 5 de ellas estaban a la vuelta del pasillo. Me paré en el recodo. Estaba más oscuro. De pronto el insomnio no se distinguía del sueño. Sentí el chirriar de una puerta abriéndose despacio. No pasé.

Abraham no negocia. Se entrega sin razón al amor prometido y así puede recibir a su hijo por segunda vez, cuando el brazo del ángel detiene el cuchillo. Hay aquí una resurrección.

Johanes se coloca ante el cuerpo de Inger, toma la mano de una niña, la hija, para poder esperar sin razón alguna, con la palabra simple. «Inger, despierta». Y así acoge a la mujer por segunda vez.

Los dos alcanzan la resurrección. Uno y otro con la palabra. Johanes, con la mano de la niña, Abraham con el brazo del ángel, que nos ha hecho pensar en la posibilidad de volvernos homicidas.

Pero mientras que Abraham detiene la muerte por la palabra del ángel, por la palabra absoluta y, ya nos ha dicho Kierkegaard, absurda, sin réplica, sin intercambio, en Johanes, la palabra es impulsada por lo infantil, la niñez que es capaz de entrar en lo absurdo, en lo absoluto, y asaltarla con su propia cualidad de creíble y de crédula.

EL OGRO DE GOETHE
Y EL OGRO DE TOURNIER

Johann Wolfgang von Goethe, en su hermoso poema *Der Erlkönig*, nos narra la apremiante cabalgada de un padre con su hijo en los brazos a través del bosque durante la noche. Cruza el caballo, portando al padre que abraza al niño, a través de las sombras, el roce de los helechos, los jirones de niebla que envuelven los negros troncos de los alisos. El niño siente el latido del espíritu del bosque, siente su deseo, la piel del ogro. La grupa es lo más fuerte del caballo, sus patas, lo más veloz entre la espesura. Pero al llegar a casa, el niño ha expirado ya entre los brazos del padre y los del rey de los alisos. *Das Kind was tot.*

El ogro es un aviso, una advertencia, un monstruo, que pone a la vista los deseos y los designios.

Persigue al que cabalga a través de la noche con un niño en los brazos o sobre los hombros, hundiéndose en el cieno del bosque negro. El ogro se lleva al niño. *Das Kind war tot.* Y ahí, todo termina, porque el ogro hace eso, llevarlo, se lo lleva. Y ahí, todo acaba. O tal vez no. El niño ya no está ahí, pero el ogro sigue llevándoselo todavía.

La historia que cuenta Goethe en su balada nace de algo real. El escritor, una noche vio cómo una negra figura atravesaba a todo galope las calles del pueblo; al día siguiente escuchó que se trataba de un granjero que llevaba, a su hijo enfermo, al médico más cercano. Qué otra historia podría ocurrir, entonces, solapada por este suceso: Un padre cabalga con su hijo en los brazos a través del bosque, protegiéndole de una amenaza, que intuye pero desconoce. Sólo el niño ve al rey de los elfos. Pero es el padre quien puede entregárselo, veloz, galopando, porque el discurrir de la vida espera esa entrega de sus manos antes de regresar a casa. Y ha de ser entre elfos y fantasmas para que se dé en lo real. Porque todo, para que sea, todo ha de estar en la imaginación. Los ojos cerrados. Una rama, una hoja cayendo al suelo como tantas hojas, un

suelo lleno de hojas caídas como todos los bos-
ques. Es un sueño lo que levanta la noche y hace,
de todas las cosas cotidianas, un mito. Así acari-
cian los duendes el pelo del niño y hacen deslizarse
los cascos del caballo sobre un suelo de espuma.

Se diría que quien vuelve
conoce los rastros,
el memorial de las canciones,
ahí, un sendero que se abrió
hacia la balsa, allá,
el cruce de los caminos prohibidos,
y cerca, el árbol que vaciaron
tan lentamente las termitas
(una claridad
ha estremecido los helechos).
Sí, se diría que sabe
sobre qué pasos volver
cuando ha caído la noche
y el caballo resuella
ante el negro abedul
descorazonado,
el zumbido de un sueño en voz alta,

tan veloz el regreso,
tan cerca el destino,
esa mano amorosa
que sostiene en su cuenco la amenaza.
—De qué tienes miedo, mi niño.

Sólo el caballo puede atravesar veloz el bosque. Él
lleva al niño como prolongación del padre, extensión o repetición, una anáfora. Va en el caballo.
Él lo lleva. Un animal que viaja de noche es una
bestia ciega, es una bestia de los infiernos. Cuanto
más veloz más cómplice con los fantasmas, que van
detrás y se multiplican según se huye. El caballo
corre para salir al encuentro. El padre huye sobre
el caballo. A través del padre, el caballo lleva al
niño hacia el ogro. Es tan hermoso llevar un niño
en los brazos.

De pronto, tras un sauce, una sombra ondulan-
te: «Es la niebla, hijo mío, es un jirón que parece
una mano del otro mundo».

La anáfora es «hacia arriba», «volver atrás», «re-
montar»; la catáfora es «llevar hacia abajo», «ocaso»,

«caída». Lo ya visto y lo nunca ni siquiera ahora, mencionado. La palabra señala, indica, anticipa, repite. La palabra lleva un niño en los brazos de aquí hasta allí. Se mueve el mundo en nuestro interior. Desde el ángulo de nuestros ojos. De nuestros labios a nuestra lengua, hacia dentro. Algo es señalado con una mano, aquí, ahí, allí, casi a nuestro alcance, visible, tangible. Tu dedo índice contiene lo necesario para decir el mundo de las cosas y el de todo lo demás.

Nunca está vacía la noche de un bosque. Pero el padre ha de ir con los ojos tapados para que todo pueda transformarse. Es la mano del ogro lo que lo lleva a la letra, la que escribe en lo oscuro es su mano izquierda. Y anhela hasta el punto en que tener un solo niño sería no tener ninguno, y la falta uno sería carecer de todos.

El corazón de la noche espera. Dentro de las tinieblas, donde se siente retumbar la tierra bajo los golpes que se avecinan y los golpes que aceleran el acaecimiento.

Llega cerca del puente
más lento el trote, más cauteloso
el sueño del río
ha levantado la niebla
sus jirones azules,
otro testigo
arrojado del cielo.
Siempre el que vuelve viaja de noche
aturdido por la lluvia, el reclamo,
el roce de las hojas desprendidas,
un ave que desciende,
todo es concreto
y es por tanto inconfundible,
mientras cruza la oscuridad
y cabalga sin fondo
los ojos abiertos y ciegos
como si acabara de venir al mundo.

¿Sería en el primer rayo de luz cuando el caballo
llegó al pueblo? ¿Estuvo toda la noche el niño adi-
vinando al elfo? ¿Estuvo el padre azuzando a su
montura hacia la muerte no más allá de ese primer rayo?

Entonces vi a mi hermano pequeño balanceándose, doblado por la cintura, sobre el brocal del pozo. La cabeza atraída hacia el vacío, el éxtasis de caer, las piernas jugando con el roce de la tierra, el peso que hace estable lo mismo que hace tambaleante. Luego llegó mi padre y lo alzó amorosamente sujetándolo por ese eje de la cintura que había dividido el mundo. Y se lo llevó en brazos, a una altura mayor que la imaginada en el pozo, a través de las puertas de la casa.

Porque el padre también, cabe pensar, fue un niño perseguido y llevado por un ogro. Tal vez mientras huía a caballo en brazos de otro padre que también tuvo que entregarse simbólicamente a la muerte por el ogro. Tal vez su cabalgadura no fue más que la de madera en un tiovivo girando sobre la música de un órgano de feria que se despliega entre la espesura de tubos y válvulas como una revelación del de los alisos.

Apoyé el vientre en la barandilla de la escalera. Dejé que mi cuerpo se inclinara hacia el hueco. Levanté los pies y comencé a columpiarme. Vi el mármol de abajo. La tentación de precipitarme. La inclinación ganando. Oí la puerta abrirse y un grito.

Dice Michael Tournier que los niños no juegan a la guerra por imitación de los adultos, al fin y al cabo, los adultos van con más frecuencia a la oficina que a la guerra. Entonces tal vez los adultos hacen la guerra para preservar el juego de la infancia. La fascinación por las espadas, pistolas, soldaditos de plomo, pertenece a la fantasía. Pero ese es un juego al que ya no se puede volver, queda malogrado una vez que el niño cae de su lúdica gravedad, que es caer de los brazos del ogro, y entonces, fuera de la imaginación, tiene que matar para creer en la muerte.

La metáfora se destruye, la foría, llevar de una cosa a otra, el niño llevando su tanque de juguete, se pervierte, y es el tanque el que encierra y porta al niño. ¿No es así cómo el mundo se vuelve literal para poder entenderlo? ¿Y no es quizá de esta forma cómo la razón ha perdido su travesía por el bosque?

¿Qué sería, entonces la guerra sin la inocencia? ¿Podría existir la crueldad si no existiese la inocencia, que no es capaz de reconocerla?

Ser inocente desata algún día un galope desbocado. Los niños juegan a la guerra porque son inocentes. Pero la guerra real no es un acto de avance, de progreso, como hemos visto, sino de regresión, sólo que mediante el conocimiento de la muerte.

La muerte está en la tierra, atraviesa el bosque persiguiendo un caballo que lleva un niño-estrella en su grupa. Son los pantanos de negros alisos. A esa hermosa tierra llega un niño tras otro. Y los más angelicales y simples serán llevados a la guerra por la que entrarán en ese saber de la muerte, que es a la vez temor y salto. Inhumano y cruel como no lo es el ogro que se los quiere llevar.

Así que, tal vez, lo que se ha perdido es el ogro, y han quedado los niños arrojados a la guerra como un viaje del que ya no van a renacer. En su simetría, su mitad de reflexión y pasado será impulsada por su mitad de destino y acción.

Más tarde, olvidado el bosque, todos permanecerán encerrados en los cuarteles de invierno de sus oficinas, apenas recuerdan el nervio del caballo, las alas de los pájaros rozando la frente, el mundo ciego de la adivinación. La guerra rompe la cadena imaginativa de la vida, del viaje.

Después el mundo se quedó sobre el mundo, todas las canciones se encerraron en sí mismas, y el bosque, la noche, la hojarasca comenzaron a parecerme iguales a su palabra más apartada. Quién no tuvo un amigo cuando eran malas las carreteras. Y aquel que vino a dejar una marca de resentimiento en una vida que no fuera suya. Con tanto miedo, empezaría amando a cualquiera. Así llegaron las primeras luces, que son para las cosas lo que primero se olvida de los nombres.

Todo empieza en el viaje. El pensamiento contigo.

Y todo termina en tu propio corazón.

Este tiempo que resulta igual a sus pequeñas acciones, tan uniforme en su paso, en su esperanza, como si el deseo quedase al borde del cuerpo o prendido en un tallo balanceándose entre una y otra hora, sin nada que hacer salvo estar ahí. Nunca podremos conocernos con esta claridad vertida en el agua, que se recorre tan despacio, en un imposible esfuerzo por no tropezar donde nada se oculta —todo tan derecho, tan allanado—

y nada se repite.

Más tarde encontraríamos miles de razones por las que apostar la vida sólo hasta cierto punto, sin que nadie lo creyera una cobardía ni tampoco suficiente para salvar el pellejo.
Golpeó una puerta. Asomó un primer resplandor y dos mirlos abrieron los ojos, uno dentro del otro.

Así despuntó la mañana.

Los gritos infantiles. Los juegos rodando por las escaleras. El niño que corre para no perder su autobús. A lo lejos, el niño robado que tiene que librar la contienda en el campo de batalla, al que todos terminarán llegando, tan diferente de la tierra de los alisos. Tan ciega la razón como la magia. A lomos del caballo se marcha al combate, es la montura infernal de las catástrofes. Es la fortaleza de los inocentes, su furor intocable. Lo fallido del viaje, del resurgir del hombre en su dominación.

No hay tutor para el niño, no hay maestro. Es el hombre quien se ampara en la enseñanza infantil y donde se produce ese encuentro ancestral entre lo bello y lo violento. La bella simetría de un niño roto, su parte izquierda y su parte derecha restañadas, unidas por donde rompen, la mitad de furor, de arrebato, y la mitad de pausa, de mirada. Espadas con cruces. Monturas grabadas. Cascos adornados con colmillos. Lo que une es la cicatriz, el metal que precia la vasija rota, como en el kintsugi. ¿Hay un horror que admiramos? El niño es un canto que hilvana el hombre, de ellos nace el rapsoda, ese que cose el canto, condenado a juntar la inocencia con la brutalidad. El mañana pertenece a esa inocencia, por eso el niño es quien puede inspirar la conquista, la guerra. El vigor de la lluvia en la tormenta y la carrera de los ciervos ante los perros y los caballos, que piden para sí el bosque. El oro de los ríos. Son bellos en su fortaleza y su ímpetu, también en su caída. El fusil es un secreto que guardara el niño. Pero el niño que huye entre los negros alisos de los pantanos es el que despunta porque no existe la pertenencia de un mañana, sólo la carrera para regresar a una casa.

Tanta belleza ha sobrecargado el mundo, ha estallado como una estrella. Ahora se espera un sueño bajo el balcón, que haga descansar ese proceder del alma que es el cuerpo, el tierno cuidado de los caminos, la niñez sin etapas, la niñez sin fin alguno. No una explosión sino una herida, la carne rasgada, abierta, más carne que la carne misma en la boca del ogro.

Así, la inocencia puede ser lo que gobierna el caballo. Y el caballo ser él mismo la inocencia, un gigante cuya belleza está en ser portador, en llevar.

El padre es un protector de la inocencia, sujeta al niño en los brazos y ciñe con las piernas al caballo. El rey de los alisos aguarda en el bosque hasta descubrir y raptar esa inocencia. En el lied de Schubert sobre la balada de Goethe, un solo cantante suele hablar por todas las bocas (padre, niño, ogro), pero se escinde en distintas tesituras vocales para cada personaje más el narrador. El niño sería el registro más agudo, asustado, es el canto del presagio. Protegido entre el padre y el caballo, él no lleva la huida, pero es el perseguido, es la hermosa presa hacia la que saltan los dedos del elfo, sus perros de caza ladrando al unísono en un timbre oscuro, imparable, una jauría de la muerte. La voz del rey de los elfos es sinuosa, persuasiva, con frecuencia en *pianissimo*. La velocidad del caballo no es un impedimento para sus juegos, sus promesas en susurro. Una línea de voz, que se entrelaza para el rapto, vibra, deja asomar los ornamentos de la perversión. El registro de la voz del padre es bajo, grave, en modo menor. Él no ve nada ni tampoco adivina pero siente el miedo en el canto del niño, y huye, él es quien dirige la huida (el caballo, el destino). El caballo cruza las cuerdas del piano. Sabe la carga que lleva, y sabe que por más veloz, más fuerte o más rápido, se va a hundir en la niebla, que estaba ahí, entre los negros árboles del pantano, mucho antes que él. El narrador abre y cierra la historia para quien la escuche. Canta en un registro medio, pero implicado en la tristeza del tono menor. Y así cierra con casi un suspiro, un acabamiento un boquear último, que ya no tiene altura, no es nota, para anunciar: *Das Kind was tot*.

En Goethe, el padre cabalga con el hijo en los brazos, inclinado hacia delante, echado todo el peso hacia la parte delantera del caballo, cargado sobre sus paletas, indicando la urgencia, la improvisación de la huida. El galope en escapada, encogido el cuerpo, pegado contra el tronco del caballo, para no ser alcanzado, para que los dedos del elfo no se deslicen entre los cuerpos del padre y del animal, y se lleven al niño. Pero el peso del padre y del hijo, el miedo del padre y el hijo, es lo que enlentece al caballo, hace débiles sus manos, las hunde en la tierra. El niño ve lo que ya no puede dejar atrás, y le llama y le alcanza. El padre sólo alcanza a ver el siguiente árbol y el siguiente, lo que va surgiendo de la niebla. El caballo, desequilibrado y contraído, echa espuma por la embocadura y estira su fino cuello para escapar de lo que siente encima.

El padre es siempre un maestro ignorante, que galopa por un bosque del que nada sabe, pero donde sigue un camino, perseguido por una amenaza que no va tras él. El padre es un maestro que no sabe y un corruptor que ama la inocencia. Cabalga abrazado a un niño al que va a entregar a un daño irreparable, y ese es un conocimiento que no se puede explicar.

Mi padre no sabía nadar, pero pensaba que ese conocimiento, esa práctica, no era imprescindible a la hora de enseñar a sus hijos a sostenerse en el agua. Ponía la mano bajo nuestro vientre mientras nosotros agitábamos todo el cuerpo, brazos piernas, cuello, cintura, de forma casi refleja. Poco a poco, iba hundiendo la mano, más y más, en el agua, hasta que se desprendía de nuestro peso, dejando que se equilibrara la tensión del río y de los cuerpos infantiles que buscaban por sí sólo la flotación.

En Tournier, el caballo gigante ha sido enseñado a llevar a su jinete cerca de la grupa, libres las manos en la cabriola. Será este nuevo equilibrio para el rapto lo que le hará correr tras los niños como en una caza de inocentes, la carrera detrás de los ciervos. El caballo aquí se opone al niño, es su sueño de persecución, la defensa del sueño y la demora, se enfrenta al niño, que será llevado a la grupa como peso ligero y suave que ordena la fuerza equina. El animal ciego, la lentitud de la previsión. Un caballo enorme que, al atravesar el bosque de Goethe, hubiera pisado los helechos, aplastado las zarzas, removido la niebla. La acción, la entrega al destino, la mitad opuesta del niño que mira hacia atrás, y recuerda.

Así despuntó la mañana.
Nadie recuerda tan poca luz a estas horas. Un loco ha encontrado los ruidos del mundo y está

llamando a todas las puertas. No tengo tanto
miedo. Pero tampoco, tampoco conozco un
amanecer tan oscuro. Puede ser alguna consecuencia del pasado siglo o la espalda extendida
de una tarde
o el cuerpo del caballo
o esta cortina que roza sin parar el cielo.
Aún es temprano
para que los niños escapen cada noche
hasta convencernos de la inocencia.

Atravesar la tierra, golpear lo ctónico, la cría y la
tumba. La semilla del aliso sabe nadar, dice Tere
Irastrotza, debe huir de su sombra, del negro
abrigo que asfixia, porque no podría germinar
bajo él. Corre la semilla río abajo flotando y en
cuanto encuentra una orilla soleada echa raíces,
se implanta. Pero quién sostiene la bóveda celeste,
y la lleva sobre sí: la inocencia de la fuerza o el
castigo de los nuevos dioses. Es nuestra primera
vértebra cervical, Atlas, la que transporta nuestro
cráneo. El suelo y la cúpula, la tierra y el que lleva
su lengua.

El mundo vaciado de dioses, la naturaleza repleta de su vigor y su fuerza. No hay distinción entre lo animal y lo humano, de todo emana la violencia. Un padre cabalga de noche con su hijo en los brazos. Todo es literal. Es el universo aún lleno de indicios y de presentimientos. Pero también estamos ante lo que no comienza, ante un amanecer que no acaba de llegar, una luz que no disipa nuestros miedos y tampoco ayuda a distinguirlos, un viaje que no consigue emprenderse. En algún momento de nuestra historia, hemos roto el vínculo que anudaba los signos y los significados, y desde entonces nos rodea la melancolía en el umbral de un mundo desconocido e inexplorable.

Tengo 11 años, me dije, y esta es mi primera planta. Había tenido un gorrión caído del nido, pero murió; también encontré un periquito perdido, pero murió igualmente en el cuenco de mis manos. La planta era una Flor de Pascua que me había regalado un vecino, llena de hojas rojas. Según pasaron los meses, las hojas rojas fueron cayendo y aparecían unas débiles hojas verdes. Yo la regaba más, porque el agua era buena para la vida. Y la ponía más al sol, porque era buena también la luz. Pero la planta seguía perdiendo sus hojas hasta quedar sólo tres. Soñé con llevarla a las tierras de un bosque. Rogué para que se salvara. Pensé en un milagro. Y decidí que sólo podría haber milagros si primero había un acto de fe incontestable. Un acto de fe así, deduje, puede ser una acción contraria a la vida. Una mañana rocié de sal toda la maceta y las tres hojas de la Flor de Pascua.

No ha sido más que una espera. Otro año del mundo. Por qué mentiría alguien que regresa siempre contigo. Se oye gritar entre sueños.

Abatida la memoria
está cruzando la ventana.
Es esto en lo que pienso:
los años que van a sobrar
de la condena más larga
para doblar la vida
confundir el tiempo

el vaivén del baile
el cuerpo del caballo.
La misma pena
que se cruza dos veces, una
con los ojos cerrados.

LA CERILLERA
Y GUDRUM ENSSLIN

El compositor alemán, Helmut Lachenmann creó, entre 1990 y 1996, su ópera, *Das Mädchen mit den Schwefelhölzern*, basada en el cuento de Hans Christian Andersen *La pequeña cerillera*. En él, como es sabido, narra cómo una niña vendedora de cerillas se refugia, durante las celebraciones en la última noche del año, en un callejón y, aterida, trata de calentarse con las cerillas que no ha logrado vender, encendiéndolas, una a una, mientras su llama va iluminando en ella sueños consoladores, que la van llevando a la muerte en los brazos imaginados de su abuela.

Decido escribir un poemario cuando mi pareja, Sergio Blardony, me cuenta que Helmut Lachenmannn se inspira, para su ópera, en la siguiente hipótesis: ¿Y si no hubiera muerto de frío la cerillera? ¿Quién habría llegado a ser? Creo que es la primera vez que me pregunto por la continuación de un cuento infantil, una continuación que, en apariencia, lo saca de su inocencia, de su relato ingenuo, y obliga a tantos lectores de aquella cerillera a traerla a la edad adulta y a la pregunta por lo imposible de un final feliz aunque hubiera sobrevivido a la fría noche de fin de año. El compositor, ante su ópera, concibe que una persona que ha sufrido de niña la injusticia, la cruel desigualdad entre los hombres, al llegar a la madurez, es muy posible que ella misma se de como respuesta ante esa injusticia, se convierta en el acto que faltó en su infancia. Así, aquella cerillera bien podría haberse convertido en Gudrun Ensslin, una de las fundadoras del grupo terrorista alemán Fracción del Ejército Rojo (RAF), que actuó en los años setenta del siglo xx.

Chasquidos, susurros, roces, se escuchan en la obra de Lachenmann para traernos al personaje de la cerillera en un mundo sonoro crítico, contestatario, que saca los instrumentos convencionales de su uso habitual, y los lleva a un sonido inesperado, de extrañeza, donde emerge un trabajo con el ruido al golpear, rasgar, violentar las posibilidades de ejecución de los instrumentos. La revolución de la sociedad, la lucha contra lo injusto, está conectada con la violencia, pero esa violencia también viene del amor.

Arde el cuartel de las Fuerzas Aéreas.
Si no ha muerto de frío
la cerillera,
a dos pasos, sólo a dos pasos,
hacia el corazón, la justicia.
Cómo podremos sobrevivir a esta esperanza
cuando se mitiga.
Es el rincón, la pared,
la mitad de la casa
y la otra mitad.
Pero no llegará descalza
a esa esquina que vela
el efecto de la muerte.
Cómo sobrevivir al sentimiento
si no fuese posible una acción violenta.

Es en un rincón entre dos casas donde la niña busca su refugio, oponiendo a la desgracia y el frío la fortificación del sueño, y con él, el aplazamiento. Encender una cerilla, que se apaga, y otra, que se apaga de nuevo, es un camino hacia la muerte, pero también es una demora en el camino, un relato que no quiere concluirse, un tejer, en manos de una Penélope, que no termina el sudario. Es de suponer que, en un primer momento, su cuerpo se apoyara contra una de las paredes, arrebujado, doblado sobre sí mismo, como adoptando la postura fetal pero aún sin descansar en el suelo, encogidas las rodillas contra el pecho y, sobre ellas, apoyada la cabeza. Es la forma oval aún a la espera del nacimiento, anterior, ajena todavía, al golpe de la llegada a la vida. Si no hubiera muerto de frío la cerillera, habría conocido las otras transiciones del cuerpo por el sueño. Hacia la muerte, se apoya sobre la espalda, la postura dorsal, los brazos a ambos lados, apoyados en la tierra, el rostro hacia el cielo, como definitivamente entregado. Una última colocación que debió alertar a los transeúntes que la encontraron. Y tal vez despertar en alguno el deseo de tomarla en los brazos y darle calor y curar su pena, y el anhelo de que, al menos, hubiera muerto en acogida, en la protección de otro hombre.

También el cuerpo de Gudrum Ensslin, que murió ahorcada en su celda, en Stammheim, estaba extendido, los brazos a lo largo del cuerpo, como un péndulo que oscila por encima del metal de la tierra. Gudrum nació en el estado federado de Baden-Württemberg (Alemania). Su padre era pastor evangélico y tenía seis hermanos. Pronto comenzó a comprometerse con el activismo de izquierdas. Se dice que tenía un carácter apasionado y vehemente, que enardecía en defensa de lo justo y de la igualdad. Fue detenida en 1977 y condenada a cadena perpetua.

Quizá si aún estás en la edad crédula, tienes unos pocos años y experimentas que el mundo te deja morir en una esquina mientras celebran una fiesta de fin de año, adquieres la obligación de crecer odiando. Y si no te entregas a tu odio, tu salida será la búsqueda sin retórica de la justicia, la lucha por la acción, la ininterrupción entre el pensamiento y su consecuencia, la acción como única vía de la palabra.

Sigue su curso
un largo camino,
un largo y ya ingobernable
acto del cuerpo,
la acción sin meta,
el único modo fértil de ser.
Pero hay un morir anterior,
repetido,
desandado.
Siempre llega doble la muerte,
siempre curvada,
en su cierre sobre la carne.
Sube la luz por el rincón
de esta noche, un fuego
que se pierde.
Otra cerilla,
el pasaje del frío,
el plazo del pensamiento,
sus pocas veces.
Ahí está
lo que toma la fantasía
del mundo.

Cuando Sergio me habló de la ópera de Lahenmann, y pronunció su fórmula: si no hubiera muerto de frío la cerillera, de tal manera me invadió esa frase, encontré tal belleza en esa expresión partida, condicionada… Era la dulzura del apagamiento siendo, de pronto, interrumpida, la entrega al dormir previo a la muerte por frío, que inesperadamente rasga un calor rugoso, de furia, y encauza el apacible destino triste por otro tal vez igual de triste. En esto está la violencia y en esto también, el amor. Hay más carne en la herida cerrada, en el frío de dentro, en el interior que en la carne abierta, que la carne expuesta.

Cuando a alguien no parece corresponderle el derecho a pertenecer a una sociedad, sus decisiones, repartos, que articulan las vidas, es posible que se vea inclinada a llevar a cabo acciones extraordinarias, derivadas, condenadas por un signo grabado de exclusividad desde el sentido de la exclusión. Esa acción extraordinaria lo es en tanto no tiene más que su propia fuerza, su propia defensa no amparada por la ley, porque aún no es ley, pero, al realizarse como acto, como hecho consumado, puede aspirar a ese reconocimiento de lo justo, preceder a su formulación y, por tanto, inscribirse en el lenguaje una vez asomado como real para acceder al derecho, a la ley. Pasaría, entonces, de ser una acción pura a una palabra verdadera. No un clímax. No algo de la especulación. Algo del corazón.

Unidas las palabras
al alma entera.
Contados los nombres,
apenas sé deslindar
los objetos del mundo.
La piedra de la piedra,
el aire, la llegada,
su golpe,
el aviso de la hora,
el animal
la defensa,
su acecho,
la hora, nuevamente, de tu tren.

Yo estaba detrás de una casa.
Y no es fácil vivir aquí.

Antes de eso, es un cuerpo recogido en los brazos, que no sueña con la justicia sino con el calor. Cuerdas ensordecidas, aire, escarcha que cruje, chasquido en la lengua. *Col legno* en los violines. Un cuerpo ligero, sin peso, encarnado en voces, jadeos, tiembla el aire que alguien sopla en sus manos. Mientras cruza la niebla en brazos, veloz entre los jirones. Y se oye el segundo grito de quien nace de nuevo. El silencio de todo, la fermata, la demora, una espera que va desorientándose desde los extremos de un tiempo batido, fragmentado.

Dónde está la nieve, ¿tras la ventana o en la llama de la lumbre, el cuerpo dorado por el calor? Me parece oír ahora el chasquido anterior de la cerilla, la manera de frotar el azufre para alcanzar el fuego, el pequeño incendio en un palito de madera. El mismo azufre de los volcanes, que nada buscan en el desastre que provocan, su estallido en el aire, sobre el mar, lleva al hombre a guarecerse en la oscuridad, a cubierto de la chispa dolorosa de la luz, o su demagógico *crescendo* en las voluntades. Impulso vegetal, el de la tierra, dice Da Vinci, las tobas son los tendones, y su sangre, las venas del agua. El calor del corazón del mundo está en el fuego oculto en su interior que caldea los lagos. Las bocas de sulfato llegan de más adentro que las cuevas de nuestras sombras.

La forma de tratar los instrumentos musicales contra la convención, es por sí misma ya un ataque a lo establecido, una acción, como la Fracción del Ejército Rojo liderada por Gudrun Ensslin. Hay una dimensión política del arte con un fuerte componente crítico, un lugar por donde tiende a salir de sí mismo.

¿Es lo mismo la inocencia de la niña y la violencia de la adulta? ¿Provoca la misma emoción? ¿Son tal vez dos formas del mismo candor? Hacer saltar por los aires un sistema: el político, el musical. O envolver la vida en el tejido murmullo de un mundo mejor. Tal vez como escribió Esther Peñas, la violencia es una ternura olvidada con la que ya no se sueña.

Puede ser la hora,
no sólo el hecho

sino su restitución,
un viraje en la claridad,
un choque, ni siquiera,
una contestación
desde la ventana, un salto,
la noticia
de que se ha hecho justa la muerte.

Pero cómo reparar la orilla,
su continuidad,
la consecuencia de un acto.

Aún no teníamos 10 años. Las 16 habitaciones de nuestro hostal eran 16 puertas oscuras e irresistibles. En alguna parte debía estar la pistola, nos decíamos mi hermano y yo. En secreto, buscábamos por los armarios, en los cajones, debajo de la cama. Encontramos el uniforme de policía y también la porra y las esposas. Por nuestra casa, pasaban todo tipo de oficios: boxeadores, toreros, mangantes. Pero nosotros queríamos encontrar esa pistola. Mi hermano me esposó por un brazo a la barra de la cama. Yo trataba de deslizar la mano fuera de la argolla de metal. Mi hermano me lanzaba chorros de agua con una pistola de plástico. Tiré con fuerza de la cama y una explosión sorda e intensa retumbó de pronto.

Con qué sueña la violencia. Puede que con que alguien la propague, sueña con expandirse no como tal sino como relato, como canto, la épica es lo que busca. Una sola bomba sería suficiente si se difunde, si se publica, incluso una sola muerte. ¿No es así la muerte de la cerillera? Es ella la única que muere. Y el cuento se transmuta en el Ejército Rojo. Qué poco más hubiera necesitado la Fracción, si ya tenía el cuento.

Nevaba y había empezado a oscurecer. En el callejón. Echado el cerrojo. Eso guardamos de un duro castigo.
Tampoco la cadena atraviesa los umbrales.

En este interior parado. Puede empezar un año. Por largo que sea.

Te alcanzarán los sueños con el frío. Si no
mueres ahora, te llenarás de odio.

Oíamos a mis padres hablar entre ellos muy bajito,
con medias palabras. Ese día nos dijeron que
podíamos ir a jugar a «la habitación de madera»
(así llamábamos a una habitación grande, para
tres huéspedes, con todo el suelo de tarima irre-
gularmente barnizado). Cuando nos asomamos al
pasillo intrigados por el sonido del timbre de la
puerta, vimos entrar a cuatro policías con uniforme
—mirábamos las porras, las esposas, los cinturo-
nes—. Luego entraron también dos hombres con
chaquetas normales —mi hermano me susurró que
eran de la secreta—. Había un ventanuco, cerca del
techo, que daba a la habitación en la que habían
entrado los policías, alcanzábamos a colgarnos de
él desde el respaldo de una silla. Vimos que abrían
los cajones de una mesa, y que había papeles y car-
nets de identidad desordenados. Luego un agente
metió la mano por el hueco de la cajonera y sacó
una pistola. El huésped de esa habitación se había

marchado, esa misma tarde, corriendo, no había pagado. Oímos a mi madre gritarle por el hueco de la escalera, mientras él bajaba, de tres en tres los escalones, a toda prisa, huyendo, al parecer, de algo más que de una cuenta por pagar.

Toda vuelta al mundo, toda revolución ¿ha de ser violenta? ¿Qué hay entre la injusticia y la violencia? ¿Un tiempo escueto, vacío, que simplemente pasa sin espera, hasta que un día algo se revela de pronto? ¿Se sabe bruscamente que el dolor sufrido es injusto? ¿O tal vez una crece con la sombra, pasa toda la infancia con una soterrada sospecha de que las cosas no son como son?

¿Cuándo se sabe que eso que ha ocurrido es injusto, y no mala suerte o destino…? ¿Y cuándo se descubre que esa injusticia ha sido contra una misma? Porque, entonces, ha de surgir un sentimiento diferente, ya no digo el odio, pero sí un impulso de rabia, tal vez. Quizá de miedo, pero el miedo y la deificación son primos hermanos, el mundo puede decirse con una lengua teológica. Y por ello viene la imposibilidad de entender. Y el silencio es arrojado como acción. Es, entonces, cuando la persona queda ante las puertas del castillo, como en Kafka, sin poder comprender y sin poder entrar. Pero a eso pertenece, y, como el agrimensor, la vida se presenta como algo caduco o, quizá anhelando, como el error que le incluye. Poco a poco, la injusticia se va revelando, se toma conciencia de ella, sobre todo, porque hay excepción, porque hay contradicción.

La niña que sólo vende cerillas para llevar el dinero a un padre, que, de no conseguirlo, la castigaría, pasa a poner bombas de adulta, tal vez pasa a buscar su causa, a encontrar una falta real, poderosa, no sólo una razón que explique sino una acción, que construya una vida. Kundera dice que así el castigo es el que encuentra la falta. Así, alguien puede dedicar su vida a tener una falta, que de sentido a un castigo que la precedió. Porque es mucho peor un castigo gratuito que una terrible falta.

En medio de aquel frío y aquella oscuridad. Dice un viento y dice el contrario. Un grupo de voces ha dado la vuelta. No es ella a quien oímos llorar al otro lado.

Escribir de nuevo antes de la causa. Blanca la hoja.

Pero si no te quedara el odio, sólo podrías responder fríamente.

Pero la música ha puesto un microscopio sobre la existencia, o un amplificador muy potente, y ahora todo es extraño, irreconocible, inimaginable. Ocho trompas tronando a la vez es mágico y es inimaginable. Ya no vemos la figura, no escuchamos la forma, todo surge atomizado, la música no puede ser anticipada en ninguno de sus elementos, pero tampoco religada. Se ha roto la costumbre y así, la fe en ella. Pero uno mismo es uno de esos átomos, una parte de una vida que está ahí, suspendida.

Fue penetrante el ruido de la explosión, pareció retumbar por toda la casa. Desde el balcón, había desaparecido la calle dentro de una enorme niebla de humo y polvo blanquecino. Más allá de nuestra fachada, el mundo había desaparecido y todo guardaba silencio. Mi madre dijo de pronto: «Mirad. Ya empieza a verse el reloj de la plaza». Ese reloj era la referencia del tiempo en mi casa, pero también del espacio exterior, ver la hora era ver la hora para todo el mundo, no era lo mismo que mirar el reloj sobre la mesilla, eso era un tiempo interno, el de la noche, en los territorios del sueño. El humo había hecho desaparecer el tiempo de todos. La bomba estaba en una cafetería donde acostumbraban a comer los agentes de la Dirección General de Seguridad. Llamó al timbre la portera, que venía de fisgar. Hablaba deprisa, y cuando empezó a entrar en detalles, mi madre nos mandó a nuestra habitación. Sólo entendí, mientras me alejaba, «sangre». Imaginé la herida, y que eso, la herida, era la entraña, más carne que la carne misma.

Pero la justicia también puede presentarse como fervor ¿No decía Cioran que las épocas de fervor sobresalen en hazañas sangrientas, que Santa Teresa

debía ser coetánea de los autos de fe y Lutero de
la matanza de los campesinos, que los gemidos
de las víctimas van en consonancia con los del
éxtasis? Un puñal se levanta siempre bajo las decisiones firmes. Así, a quien buscaba Diógenes era
a un indiferente.

Pasa la mitad del camino ante la puerta, durante
la noche. Más tarde, pasará la otra mitad, de
regreso. El final es una falta de atención inde-
cible.

El signo ya no se anuda al signo, pero las cosas
son como son. Es hoy esta calle de aquí.
Si el tiempo corre por debajo de la oración.
Deshilachándola.
Quién cierra los ojos tranquilo.

Escuchar desde dentro, eso hacemos nosotros
aquí.

Este libro terminó de escribirse en invierno.
Un final es un apogeo. Algo que acaba es algo
que viene. Así se comprendería la labor de la
muerte, como lo dijo Pier Paolo Pasolini:

*La vida cobra sentido cuando termina; antes
de ese momento no tiene ninguno, su significa-
do está suspendido y por lo tanto, resulta ambi-
guo. Para mí la muerte es la cumbre de la épica
y el mito.*

Que este libro encuentre su sentido
en el interior del lector.

Colección

DE LA BELLEZA